AF410893

L'INTERVENTION

DE M. D'ÉPRÉMESNIL,

A DIJON.

PREMIER CAHIER.

Les Écrits publiés à l'appui de mon *Intervention à Rouen*, font :

La Correspondance de MM. de Lally & de Leyrit, dans l'Inde.

Mes deux Plaidoyers.

Le Précis de mes Moyens de Droit.

L'Extrait de mon second Plaidoyer, pour servir de Réponse à la Réclamation du sieur Tolendal.

Mon Intervention, réduite à sept raisonnements.

Ma Déclaration au sujet de la distribution clandestine de la Requête en cassation du sieur Tolendal, contre les huit Arrêts du Parlement de Normandie.

Enfin *mes Réflexions sur un Écrit du sieur Tolendal, supprimé par Arrêt du Parlement de Paris, le 7 Août 1781.*

Tel est l'ordre suivant lequel ces Écrits doivent être placés.

Ce premier Cahier de mon *Intervention à Dijon* contient :
Ma Requête d'Intervention.

Mon premier Mémoire à Dijon, ou ma Réponse provisoire aux Observations du sieur Tolendal, se disant Comte de Lally Tolendal, sur ma Correspondance avec M. le Marquis de Montmorency.

Et *Mon second Mémoire à Dijon, ou ma Réponse définitive à ces mêmes Observations.*

A NOSSEIGNEURS

NOSSEIGNEURS

DU PARLEMENT.

SUPPLIE humblement Jacques du Val d'Éprémefnil, Chevalier, ancien Avocat du Roi au Châtelet, Confeiller au Parlement de Paris, & neveu par fon père de Meffire Géorges du Val de Leyrit, Ecuyer, Gouverneur pour le Roi des Ville & Fort de Pondichery, Commandant Général des Troupes Françoifes dans l'Inde, & Préfident de tous les Confeils y établis.

DISANT que le feû fieur Thomas Arthur, Comte de Lally, Commiffaire du Roi, Général de fes Troupes dans l'Inde, & Syndic de la Compagnie, accufé par M. le Procureur Général de trahifon envers le Roi, & d'autres crimes, avoit imaginé, pour fa défenfe, de partager la Colonie entière en deux claffes; l'une compofée dudit feû fieur de Lally & de fes co-accufés; l'autre du furplus des Défenfeurs & Adminiftrateurs de cette Colonie, depuis le Comte d'Aché, Commandant de la Marine, & le sieur de Leyrit, Gouverneur de Pondichery, jusqu'au dernier des Employés de la Compagnie.

Que cette seconde classe a été présentée à la Justice par le sieur de Lally, comme un ramas d'hommes indifférens au salut de nos possessions, délateurs, imposteurs, faux témoins, traîtres, rebelles, conjurés pour la ruine de Pondichery & la perte du Général, tandis que la probité, le zèle, le désintéressement & le patriotisme s'étoient réfugiés dans la première classe, c'est-à-dire dans le cœur du Comte de Lally & des co-accusés.

Que celui contre lequel le sieur de Lally s'est le plus acharné dans ses Mémoires, a été le sieur de Leyrit, oncle du Suppliant.

Qu'il a imputé à ce Gouverneur les deux principales causes de la destruction de nos Colonies dans l'Inde : la dissipation des fonds, & le défaut d'approvisionnement de Pondichery.

Mémoire pour le Comte de Lally, pag. 12, 15, 16, 34 & 36.

Que dans les observations générales de son premier Mémoire, le Comte de Lally a osé dire, que *le Gouverneur de Pondichery retiroit de la Ferme générale des Terres, les plus grands bénéfices, indépendamment des baux relatifs à des Domaines particuliers ; que sur les fournitures des bœufs, le sieur de Leyrit gratifioit les Entrepreneurs d'un bénéfice de deux cents pour cent ; que lorsque le Comte de Lally a entrepris d'arrêter les profusions du sieur de Leyrit, il a toujours éprouvé de sa part les plus vives contradictions ; & que ce Gouverneur, loin de réformer des abus évidemment contraires au bien du Service, n'a employé l'autorité dont il étoit dépositaire, qu'à former des cabales & à soulever tous les esprits de la Colonie, spécialement des Militaires contre leur Commandant ; que depuis la Guerre déclarée le fieur de Leyrit n'avoit pas fait plus de difpofitions pour la défenfe de la Place, que pour s'emparer de celles des Ennemis; que le Gouverneur faifoit faire dans d'autres poftes peu importans de nouveaux ouvrages qui avoient procuré aux Entrepreneurs, Ingénieurs, & Commandans, des gains énormes; qu'on s'inquiétoit peu d'impofer des charges à la Compagnie, lorfque les Employés en retiroient un profit perfonnel; que c'étoit la réunion de ces abus & de ces défordres, qui avoit privé la Colonie des reffources les plus indifpenfables pour fa confervation & fa défenfe; qu'on n'avoit pas pris, avant l'arrivée du Général, la plus légère précaution pour affurer la fubfiftance de Pondichery; & que toutes fes inftances fur un article auffi effentiel, étoient demeurées fans effet.*

Ces reproches de diffipation, de cupidité, de négligence criminelle, d'intrigue, de manœuvres, de conjuration, de rébellion, reparoiffent à chaque page, pour ainfi dire, des Mémoires de feu Comte de Lally.

S'il a pris Goudelour & Saint-David, *il n'a pas tenu au fieur de Leyrit, d'empêcher cette expédition; on ne peut lire avec attention la correfpondance du Général & du Gouverneur, fans être indigné du nombre infini d'obftacles que le Comte de Lally fut obligé de furmonter: il fe voyoit arrêté pour ainfi dire, à chaque pas, par la difette de toute efpèce d'approvifion-nement.*

Mémoire du Comte de Lally, page 47.

S'il s'eft porté fur le Tanjaour, *c'eft par l'effet des infinua-tions artificieufes du fieur de Leyrit.*

Idem page 63.

S'il a laiffé aux Anglois *Chinguelpet,* Fort fitué à treize lieues d'Arcate, *fur le Palear, c'eft par le refus affecté de la part du Gouverneur & du Confeil, d'une modique fomme de dix mille roupies.*

Idem page 89.

Si la difette étoit extrême, *cela n'empéchoit pas que le Gouverneer n'eût reçu, partagé & diffipé cinq millions.*

Idem page 98.

Idem page 111. S'il a manqué Madras , c'est que le Gouverneur abusoit de ses Lettres pour aigrir les esprits.

Idem page 117. Pendant qu'il se livroit à des travaux continuels pour la sûreté de la Colonie , le Gouverneur autorisoit les plus grands désordres dans l'Administration.

Idem pag. 118 & 119. Ce même Gouverneur , qui ne pouvoit ignorer les besoins pressans de la Colonie , signoit une quantité énorme de Lettres de change sur la Compagnie , & même en pressoit l'envoi. Indépendamment des avantages que le sieur de Leyrit & ses protégés tiroient du remboursement prompt de leurs créances , le monopole des billets de caisse leur procuroit des bénéfices considérables.

Mazulipatam est pris : c'est la faute du Gouverneur & du Conseil, que le Comte de Lally somme authentiquement , mais inutilement, de contraindre le sieur Moracin d'y retourner.

Idem page 140. Les Troupes se révoltent : le Gouverneur & le Conseil n'offrent pas au Général la plus légère avance , quoi qu'ils fussent nantis de plus de 800,000 liv. apportées par le Comte d'Aché, tant en piastres qu'en diamants : deux mille roupies sont prêtées par un Habitant de Pondichery ; cette action lui fait encourir la disgrace du Gouverneur.

Idem page 177. Pondichery est menacé : il s'agissoit de l'approvisionner ; le Gouverneur & le Conseil n'ont jamais contribué de la plus petite somme aux avances que cet approvisionnement exigeoit.

Idem pag. 178 & 179. Le sieur de Lally veut traiter avec les Maysfouriens : le Conseil les en détourne par ses insinuations.

Idem page 190. Le sieur de Lally veut lever une taxe de 30,000 roupies, sur des Négocians : il faut s'en prendre au refus du sieur de Leyrit & du Conseil, de faire subsister la Garnison.

Le salut de Pondichery exigeoit des mesures promptes : le sieur de Leyrit refuse d'y concourir. Le sieur de Lally épuise *inutilement auprès des Membres du Conseil, les sollicitations, les prières, les larmes mêmes, pour tâcher de les émouvoir sur l'état de Pondichery.*

Enfin, Pondichery est affamé, réduit à la dernière extrémité : il faut songer à se rendre : *le sieur de Lally demande que le Conseil s'occupe d'une Capitulation qui concerne le Civil, aussi bien que le Militaire ; le sieur de Leyrit élude, s'y refuse, s'y prend trop tard, & ne tendoit à rien moins, lui & le Conseil, par leur conduite artificieuse, qu'à rendre dans tous les cas le Comte de Lally responsable de la perte de Pondichery.*

Mémoire du Comte de Lally, depuis la p. 209, jusqu'à la p. 219.

Et pour mettre le sceau à toutes ces imputations, le sieur de Lally accuse le Conseil, le sieur de Leyrit en tête, de l'avoir calomnié, en disant : *qu'il n'avoit pas fait de Capitulation pour Pondichery, quoi qu'il produise une Capitulation pour Pondichery.* Le Suppliant a déjà discuté, défini, dévoilé publiquement aux pieds du Parlement de Normandie, cette prétendue Capitulation.

Tel est, Nosseigneurs, le précis, l'idée des imputations injurieuses au feû sieur de Leyrit, que le feû sieur de Lally s'est permises dans son premier Mémoire, & qu'il a répétées *dans le Tableau historique ; le Résumé de la Capitulation ; les vraies causes de la perte de l'Inde ;* nouveaux Libelles dont le Suppliant s'abstiendra de mettre les extraits sous les yeux : il faudroit pour ainsi dire en copier toutes les pages, pour en faire connoître toutes les indignités ; le Suppliant se contentera de les joindre à sa Requête.

Quand le sieur de Lally a publié ces Mémoires, le sieur de Leyrit n'étoit plus pour se défendre.

Victime des chagrins dont le sieur de Lally l'avoit

abreuvé, il étoit mort en recommandant aux fiens de ne publier pour fa mémoire rien autre chofe que fa correfpondance avec le Général.

Fidéles à fes dernières volontés, fon frère & fon neveu n'ont en effet rien opofé aux calomnies du Comte de Lally vivant, que cette correfpondance. On leur confeilloit de rendre plainte; ils s'en font abftenus, fe faifant une peine d'accabler le calomniateur par leur intervention.

Cette conduite modérée n'a point nui à l'honneur de leur parent : le même Arrêt a condamné le Comte de Lally à perdre la tête, & fupprimé tous fes Mémoires, comme contenant des faits faux & calomnieux.

La mémoire du feû fieur de Leyrit étoit fatisfaite; mais après plus de douze années, on a vu cet Arrêt mémorable attaqué en caffation. Les parens du Gouverneur de Pondichery n'ayant point été Parties au Parlement, n'ont pas pu être entendus au Confeil. La Requête a prévalu ; les chofes & les perfonnes font mifes au même état qu'en 1766. Le frère du fieur de Leyrit eft mort ; fon neveu furvit : c'eft le Suppliant, dont la vie eft confacrée jufqu'au dernier foupir, à repouffer les calomnies qui renaiffent du tombeau du Comte de Lally.

Ce devoir indifpenfable qui l'a déjà conduit & foutenu à Rouen, il vient, NOSSEIGNEURS, animé d'un nouveau zèle, s'en acquitter encore auprès de Vous avec une confiance refpectueufe. Aux moyens intrinféques de fon Intervention fe joint le préjugé du fuccès par lequel il a vu fes efforts couronnés à Rouen. Là, un Arrêt applaudi de tous les Ordres a reçu le Suppliant Partie intervenante. Il eft vrai que le Roi a permis que cet Arrêt fût reformé en

fon

ſon Conſeil Privé ; mais dire que le ſuffrage du Parlement de Normandie n'en eſt pas moins une autorité reſpectable pour l'Adverſaire du Suppliant lui-même , c'eſt reconnoître la Majeſté Royale empreinte ſur les Arrêts des Cours : c'eſt rendre hommage aux Loix qui laiſſent vivre dans l'eſprit des peuples l'autorité de l'opinion des Magiſtrats , alors même que leur déciſion n'a plus d'effet. Saiſis, NOSSEIGNEURS, du Procès crimiel que la clameur de l'univers a fait intenter au Comte de Lally , & qu'on a cru douze ans terminé par le célèbre Arrêt de 1766 , vous êtes devenus Juges naturels des queſtions incidentes à ce Procès. Du nombre eſt l'Intervention du Suppliant , elle reſte à juger ; le Roi ne l'a pas retenue : ainſi Sa Souveraine Puiſſance n'a point mis d'obſtacle à l'exercice de ſa Souveraine Juſtice. Il vous eſt donné , NOSSEIGNEURS, de la faire parler, cette Juſtice Souveraine : il eſt doux au Suppliant de pouvoir en réclamer l'indépendante & pure expreſſion.

Ce n'eſt pas que le ſieur Tolendal n'ait tenté tous les moyens pour écarter le Suppliant, le fatiguer, l'envelopper dans un dédale de prétentions inouies, où l'innocence, où la juſtice même eût peine à ſe reconnoître. Qu'il combatte l'Intervention du Suppliant, rien n'eſt plus naturel ; mais qu'il prétende écraſer cette Intervention par la ſeule puiſſance de ſa parole ; qu'il s'élève dictant ſes Loix à la Juſtice ; qu'il diſe au Suppliant : *Tout Tribunal non prévenu, au ſeul mot d'Intervention, ne vous écoutera ſeulement pas ; tout Tribunal non prévenu réhabilitera mon père :* qu'il le diſe, & régle ſa conduite ſur ces idées impérieuſes ; qu'il en faſſe des principes pour tous les Parlemens ; qu'il plaide à Rouen, faſſe imprimer & diſtribuer ſon Plaidoyer, & ne le faſſe pas ſignifier au Suppliant , ſous prétefte de ne pas le reconnoître pour Partie intervenante , qu'il y réclame deux Juges, & récuſe, à leur défaut, le Parlement entier; d'abord, qui le croiroit ? par une proteſtation conditionnelle de nullité, en face, à l'Audience; enſuite par ſa retraite, ou plutôt par ſa fuite ; & débouté de cette réclamation par un Arrêt, qu'il la faſſe imprimer & diſtribuer ſans la faire ſignifier au Suppliant, ſous le même prétexte de ne pas le reconnoître pour Partie intervenante; qu'après l'Arrêt qui reçoit cette fatale intervention , il s'emporte , il ſe pourvoie, outrage le Parlement de Normandie, comme il avoit outragé celui de Paris, comme il outragera la Cour, s'il ne réuſſit pas ; obtienne un Arrêt de caſſation, le garde en porte-feuille pendant plus de neuf mois, & le rende enfin public ſans le rendre contradictoire, toujours ſous le même prétexte de ne pas reconnoître le Suppliant pour Partie intervenante : enfin, renvoyé en la Cour , qu'il s'y préſente l'Arrêt du Conſeil à la main, & prétende faire juger la mémoire du Général Lally, ſans parler de l'Intervention du Suppliant, ni de l'Arrêt qui l'a reçue, traitant cette Intervention de rêverie, & cet Arrêt de chimère : voilà, NOSSEIGNEURS, une marche, un ſyſtême qui n'a certainemet point d'exemple dans les Annales de la Juſtice; & voilà néanmoins ce que le Défenſur du Général Lally a fait, dit, ſoutenu, imprimé au Parlement de Normandie, au Conſeil; & ce qu'il oſe encore pratiquer en la Cour.

En effet, NOSSEIGNEURS, la conduite qu'il tient ici depuis un an, pourſuivant ſon Procès, & s'obſtinant à ne pas faire ſignifier au Suppliant l'Arrêt du Conſeil, ne vous dit-elle pas : « Jugez la mémoire du Général Lally, & ne

» vous embarraffez pas la Requête d'intervention de M.
» d'Éprémefnil : l'Arrêt du Confeil vous apprend qu'elle
» exifte , qu'elle eft reçue , qu'elle eft une des Pièces du
» Procès qui vous eft renvoyé : n'importe ! j'entends même
» ne faire fignifier qu'à la dernère extrêmité , cet Arrêt du
» Confeil à M. d'Éprémefnil : nous verrons , en attendant,
» le parti qu'il prendra. Il doit être embarraffé. S'il me
» fomme de lui faire fignifier l'Arrêt du Confeil pour y
» former fon oppofition , une difpofition de cet Arrêt vous
» autorife à paffer outre au Jugement du fond , nonobftant
» toute oppofition à ce même Arrêt. Il craindra peut-être
» que le vôtre ne foit rendu avant que fon oppofition foit
» jugée , & que dès-lors l'inutilité de fon Intervention ne
» rende illufoire fon oppofition. S'il ne s'oppofe pas à l'Arrêt
» du Confeil, il compromet en quelque forte fon Interven-
» tion, en renonçant à l'Arrêt du Parlement de Normandie :
» ou fi, par un attachement ridicule aux formalités légales,
» il me fait fignifier ce dernier Arrêt, me pourfuit en con-
» féquence, & réclame des droits qui fubfiftent réellement
» pour lui, tant que l'Arrêt du Confeil ne lui fera pas
» réguliérement connu ; alors, .après avoir épuifé à Rouen
» tous les délais de forme , s'il faut enfin en venir à la figni-
» fication de l'Arrêt du Confeil, le regret du temps perdu,
» la crainte des longueurs à venir, la perfpective d'une vie
» à paffer dans de pareilles angoiffes , pourront faire im-
» preffion fur lui. Il y penfera plus d'une fois. Je com-
» mencerai par étonner , je finirai fans doute par laffer fa
» patience ».

Que la fimplicité des Loix eft fupérieure à ces frivoles
rufes ! qu'elles apprennent bien à ne pas confondre la
chicane avec les formes ! & qu'un fincère amour de la
Juftice mene à d'autres idées ! B ij

Le Suppliant écarte en ce moment l'Arrêt du Parlement de Normandie : il ignore l'Arrêt du Conseil : il sçait, Nosseigneurs, avec toute la France, que vous êtes Juges de la mémoire du Général Lally : il sçait que cette mémoire calomnie indignement la mémoire du Gouverneur de Pondichery, frère de son père, & qu'on rejette sur ce Gouverneur les trahisons du Général : il sçait que son devoir est de ne pas le souffrir. Il vient, comme à Rouen & comme si Rouen n'existoit pas, vous demander justice : vous demander, non plus le repos, mais l'honneur ; convaincu que pour lui ces deux biens sont désormais incompatibles, & n'hésitant pas sur le choix.

Au moment de signer la présente Requête, annoncée dès Lundi à M. le Rapporteur, rédigée dès le même jour, expédiée dès hier, le Suppliant reçoit aujourd'hui 26 Juin 1782, à onze heures & demie du matin, en présence du sieur Lagoutte son Procureur, & du sieur de Sainte-Marie son Secrétaire, la signification de l'Arrêt du Conseil. Il semble qu'une impulsion supérieure force le sieur Tolendal à justifier toutes les prédictions du Suppliant : tant il est vrai que la destinée des traîtres est d'être mal défendus ! cette signification n'est - elle pas faite à la dernière extrêmité ? Que fait donc le sieur Tolendal de cet Arrêt, depuis deux ans ? Pourquoi ce temps perdu ? Le Suppliant étoit-il caché à Paris ? Il arrive à Dijon, & voilà que le sieur Tolendal, tremblant sous les déhors d'un courage affecté, s'empresse de l'écarter, s'il est possible. On ne sçait ce qu'il veut dire. Il déclare qu'*il dédaignera de combattre l'Intervention* (a),

---

(a) Terme de la Signification.

& redouble d'efforts pour éloigner d'avance cette Intervention, *fans* qu'on l'ait entendue ; il *fe* préfente *pour rendre compte dans tous les temps, dans tous les lieux, de tout ce qu'il a publié, de tout ce qu'il publiera :* & le *feul* temps, le *feul* lieu où la Juftice puiffe éclaircir, réprimer *fes* calomnies & celles du Général Lally, *font* précifément le temps & le lieu qu'il évite. Enfin, il protefte *de ne jamais refufer le combat toutes les fois qu'on voudra laiffer les morts en paix & faire la guerre aux vivans :* le Suppliant, pour toute réponfe, a déclaré qu'il *cefferoit de faire la guerre aux morts, quand on cefferoit de la faire en leur nom, foit à lui, foit aux fiens, fe réfervant de répondre plus amplement en temps & lieu :* A préfent, Nosseigneurs, il ofe dire que cet Exploit vient encore à l'appui de *fa* Requête, comme à la charge du Général Lally ; la mauvaife défenfe, la fuite fortifient l'accufation.

Ce confidéré, NOSSEIGNEURS, il vous plaife recevoir le Suppliant Partie intervenante dans l'Inftance pendante en la Cour, entre M. le Procureur-Général & le *fieur* Trophime-Gérard Tolendal, *fe difant* Comte de Lally Tolendal, nommé curateur à la mémoire du feû Comte de Lally, Commiffaire du Roi, Général de *fes* Troupes dans l'Inde, & Syndic de la Compagnie, & autres Parties ; ce *faifant*, joindre la préfente Intervention au principal, diftribué au rapport de M. de Villedieu de Torcy, pour y être fait droit par un *feul* & même Arrêt : *faifant* droit *fur* ladite Intervention, à l'égard de tous les Accufés, hors la mémoire du Général Lally, donner acte au Suppliant de ce qu'il réitére aux pieds de la Cour *fa* déclaration faite à Rouen, qu'il n'entend aucunement les troubler dans leurs défenses, ainsi que toutes les déclarations qu'il leur a respectivement adressées en Normandie, par des actes duement signifiés : à l'égard du sieur Trophime-Gerard Tolendal, ordonner que les Mémoires du feû sieur de Lally, intitulés *Mémoire pour le Comte de Lally : Tableau Historique de l'Expédition de l'Inde ; résumé de la Capitulation de Pondichery ; vraies causes de la perte de l'Inde ;* ensemble l'Écrit intitulé : *Plaidoyer du Comte de Lally Tolendal,* seront & demeureront supprimés comme faux & calomnieux en ce qui touche la mémoire dudit feû sieur de Leyrit : déclarant de bon cœur le Suppliant, qu'en ce qui le touche personnellement, il oublie & remet tout audit sieur Tolendal, qui le sert par ses emportemens ou ses incroyables plaisanteries. Ordonner en outre que l'Arrêt à intervenir sera imprimé & affiché par-tout où besoin sera, & notamment à Paris, à Rouen, à Dijon & dans les principales Villes du Royaume, aux frais & dépens dudit sieur Tolendal, au nombre de trois mille exemplaires : condamner ledit sieur Tolendal, tant en la qualité qu'il procéde, que personnellement, aux dépens : donner acte au Suppliant de ce qu'il emploie pour moyens de la présente Requête. 1º A l'effet d'établir le fait de la calomnie, les Mémoires du feû sieur de Lally énoncés plus haut, & ledit Plaidoyer faussement intitulé, *du Comte de Lally - Tolendal* ; se réservant d'y joindre *le Tableau Historique, le résumé de la Capitulation de Pondichery, & les vraies causes de la perte de l'Inde,* dont il n'avoit qu'un exemplaire qu'il a produit à Rouen ; lesquelles Piéces d'ailleurs sont au Greffe de la Cour, comme faisant partie du Procès criminel du Comte de Lally. 2º A l'effet d'opérer la réfutation de ces Mémoires & dudit Plaidoyer, la correspondance du feû sieur de Lally avec le feû fieur de Leyrit dans l'Inde ; le fecond Plaidoyer du Suppliant, prononcé à Rouen ; un autre imprimé, ayant pour titre : *Précis des moyens de droit pour M. d'Éprémefnil;* un quatriéme imprimé, ayant pour titre : *Extrait du fecond Plaidoyer de M. d'Éprémefnil;* un cinquiéme imprimé, ayant pour titre : *L'Intervention de M. d'Éprémefnil, réduite à fept raifonnemens,* fuivi du *Réfumé au Roi;* un fixiéme imprimé, ayant pour titre : *Mémoire de M. d'Éprémefnil, contenant déclaration au fujet de la diftribution clandeftine de la Requéte en caffation du fieur Tolendal;* un feptiéme imprimé, ayant pour titre : *Réflexions de M. d'Éprémefnil fur le dernier Écrit du fieur Tolendal, fupprimé par Arrét du Parlement du* 7 *Août* 1781. Enfin un huitiéme & dernier imprimé, intitulé : *Mémoire à confulter & Confultation pour le fieur dë Buffy, Maréchal des Camps & Armées du Roi, au fujet du Mémoire que le fieur de Lally, Lieutenant Général, vient de répandre dans le public, avec les lettres que le fieur de Buffi & le fieur de Lally fe font écrites dans l'Inde, pour fervir de Piéces juftificatives;* lequel Mémoire, ouvrage d'un grand Homme, employé aujourd'hui à réparer, s'il eft poffible, dans l'Inde, les maux dont la fource remonte aux trahifons de M. de Lally, fervira, NOSSEIGNEURS, à répandre un nouveau jour fur les calomnies de ce Général, contre M. de Leyrit : & vous ferez juftice. DU VAL D'ÉPRÉMESNIL.

Monfieur DE TORCY, Rapporteur.

LAGOUTTE, Procureur.

PREMIER MÉMOIRE

DE M. D'ÉPRÉMESNIL, à Dijon;

OU

RÉPONSE provisoire aux Observations du Sieur TOLENDAL, se disant Comte de Lally-Tolendal, sur la Correspondance de ce Magistrat avec le Marquis de MONTMORENCY.

LE Curateur à la mémoire du Comte de Lally ne se lasse pas d'imprimer des Libelles contre les Parlemens, & si je puis l'ajouter sans orgueil, contre moi. Il en a fait distribuer un nouveau, le jour de mon arrivée en cette Ville, sous la forme d'*Observations* sur mes Correspondances avec le Marquis de Montmorency & le Chevalier de Crillon; &, suivant son noble usage, il ne m'a fait ni signifier, ni du moins parvenir cette production, à moi qui n'ai pas écrit dans toute cette Affaire une seule ligne, sans la lui faire aussi-tôt signifier. Il m'a donc fallu me donner des mouvemens pour me procurer la lecture d'un exemplaire de *ses Observations.* J'ai réussi, je puis répondre : répondons en effet. Que l'Auteur se fait bien reconnoître à son ouvrage! il y qualifie le Parlement de Paris, Juge du Général Lally, de Commission : *dans l'instant fatal où l'Arrêt de mort venoit d'être rendu, la Comtesse de la Guiche couroit à la tête des*

parens

parens & amis de mon père, chez le Chef de la Commiſſion (1).
Voilà les propres termes du Libelle. L'Auteur ignore ou
feint d'ignorer que le Parlement, Juge d'appel par la Loi
du Reſſort, & Juge légitime d'appel & d'inſtruction tout
à la fois, quand la Loi générale du Royaume le pronon-
ce, ou que le Roi l'ordonne par des Lettres - Patentes
duement vérifiées, ne peut jamais être une Commiſſion :
c'eſt là une de nos maximes Françoiſes. Il ignore également que cette Cour auguſte, compoſée du Roi, des
Princes, Pairs & Magiſtrats, n'a d'autres Chef que le Roi
même. Je l'exhorte, en paſſant, à mieux connoître nos
Loix & nos Uſages : mais je craindrois d'aller trop loin,
en le priant de reſpecter un peu plus dans ſes Ecrits, *cette
prétendue Commiſſion.*

Quant à moi, les horreurs dont il croit m'accabler, ne
peuvent ſe concevoir. Pour croire à l'exiſtence de ces injures groſſières, écrites du ſtyle le plus emporté, il faut
les lire. Et toutefois l'Auteur a bien promis que je ne
parviendrois jamais à le forcer à s'échapper. *Me forcer à
m'échapper ! il n'y parviendra jamais* (2). Imprudent toujours
jeune ! il ne s'échappera donc jamais ! ſérieuſement ! Eh !
qu'avez-vous donc fait dans tous vos Ecrits ? Qu'avez-vous
fait dans votre premier Mémoire au Conſeil ? Dans votre
Plaidoyer à Rouen ? Dans votre indécente & fauſſe Réclamation ? Dans votre Requête en caſſation des Arrêts du
Parlement de Normandie ? Dans un Libelle ſupprimé par
Arrêt du Parlement de Paris ? Que faites vous enfin dans
vos Obſervations d'un bout à l'autre ? Et ſur-tout pages 4,
5, 15, 16, 23, 24, 28, 29, 32, 33, 41, 43, 45, 46,

____

(1) Pag. 32 & 33.
(2) Pag. 7.

54, 55 & 56 ? En vérité, je sens le rire se présenter malgré moi sur mes lèvres. Mais il expire à l'istant même. Le nom du Général Lally me cause une trop vive indignation, & l'état de son Défenseur me fait trop de pitié pour laisser place en moi à d'autres sentimens.

Je continuerai à traiter le Curateur à la mémoire du Comte de Lally, comme un homme en délire, égaré par l'affreux désespoir de ne pouvoir pas écraser sous ses pieds l'innocence, la vérité, les droits du genre humain, les Loix Françoises, ceux qui survivent des Juges, des victimes du Général Lally, & l'Adversaire, très - importun que l'honneur & la Loi soutiennent contre lui. Qu'il s'oublie, qu'il éclate, qu'il croie bien défendre la mémoire du Comte de Lally par les injures les plus atroces; je sçais le ton qui convient à ma Cause, à mon état : je crois ne m'en être jamais départi, j'espère ne m'en départir jamais.... mais lui ! ah qu'il a peu sçu le ton qui convenoit à sa position ! à Dieu ne plaise que je veuille lui reprocher le malheur de sa naissance. Non, j'en atteste l'indulgence & la vérité Suprême. Je déplorois sa Cause, je plaignois sa personne, je me taisois sur sa naissance. Mais il abuse de mon silence : il usurpe des titres : il trompe le public : il ose prendre avec moi des qualités qu'il n'a pas, pour en fortifier ses conclusions; il se dit *Comte* & n'a pas même d'état civil : il se dit légitime & ne l'est pas : il le dit; & comme tel m'attaque personnellement ; après quoi, quand il s'agit de me faire raison des Mémoires calomnieux du Général Lally, il me renvoie à la succession de ce même homme dont il se prétend le fils légitime & qualifié. Etrange inconséquence, aveuglement sensible de l'iniquité qui se ment à elle-même ! Il est temps, il est juste que toutes ces vapeurs fe diffipent au jour de la vérité : il eft temps, il eft jufte que ce phantôme qui s'élève contre la Loi difparoiffe devant elle. Je le demande donc ; le ton qu'a pris & que foutient le Défenfeur du Général Lally, convient-il au fils naturel, & non pas même légitime, d'un homme déclaré traître envers le Roi, par un Arrêt unanime de la Grand'Chambre d'un Parlement, fondé après trois ans, ou peu s'en faut, d'inftruction, fur les aveux de l'Accufé, fur des Piéces écrites de fa propre main, & fur le témoignage uniforme de toute une Colonie, appuyé lui-même de la clameur de l'univers, & du fait triftement éloquent de la deftruction de tous nos établiffemens dans l'Inde, par un ennemi moins fort que nous en nombre ? Telle eft la queftion que je propofe à l'Auteur des *Obfervations* fur ma Correfpondance avec le Marquis de Montmorency. Bientôt je publierai moi-même cette Correfpondance dégagée du poifon dont elle eft enveloppée. Ce fera ma Réponfe définitive aux Obfervations. Le Curateur, à la mémoire du Comte de Lally, dit que j'ai craint de publier cette Correfpondance, auffi bien que les lettres du Chevalier de Crillon & mes réponfes. Il fe trompe affurément. Mes égards pour des noms à qui tout bon François en doit, m'avoit feuls retenu : mais ces égards n'iront pas jufqu'à la foibleffe ; & le fieur Tolendal, fans doute autorifé par MM. de Montmorency & de Crillon, me rend tous mes droits. J'en uferai donc, d'abord pour la Correfpondance du Marquis de Montmorency. Mais une grâce que je demande dès-à-préfent aux Lecteurs intégres, eft de lire le texte fans interruption, & de ne pas croire que le fieur Tolendal n'ait plaidé à Rouen que ce qu'il a fait imprimer. Pour la Correfpondance du Chevalier de

Crillon, j'attendrai encore. Je fuis très-curieux de voir fi le fieur Tolendal ofera réellement la publier ; quoiqu'après tout un homme qui n'a rien à ménager, ne doive douter de rien, quand il poffède au fuprême degré, comme fait mon Adverfaire , l'art funefte d'obfcurcir les textes les plus clairs , & d'envénimer les phrafes les plus honnêtes. Il s'eft déjà permis une infidélité effentielle dans l'impreffion des formules employées avec moi par le Marquis de Mont-morency; je le prie de veiller fur le texte du Chevalier de Crillon & fur le mien. Quoi qu'il en foit, qu'il publie, qu'il obferve, il ne me faudra ni beaucoup de temps, ni beaucoup de peine pour lui répondre. En attendant je pars: ma Requête eft jointe au fond, mes vœux font remplis. Maintenant les devoirs de mon État me rappellent à Paris auprès de cette *Commiffion*, éternel objet du fier couroux du fieur Tolendal. De ce lieu révéré, de ce Temple raffermi par la Juftice du Roi, d'où la Loi tonne fur les méchans, & fait grâce aux imprudens, je ferai fignifier au Défenfeur du Général Lally ma Réponfe définitive; celle-ci le fera dès demain, dès ce foir, s'il eft poffible. A Dijon, le 1er Juillet 1782.

DU VAL D'ÉPRÉMESNIL.

Monfieur **DE TORCY**, *Rapporteur.*

LAGOUTTE, Procureur.

SECOND MÉMOIRE

De M. D'Éprémesnil, à Dijon;

O U

Réponse *définitive aux Observations du Sieur* Tolendal, *se disant Comte de* Lally-Tolendal *, sur la Correspondance de ce Magistrat avec le Marquis de* Montmorency-Laval.

CE Mémoire a pour objet, premièrement, de démontrer que le fyftême des deux Journaux du Père Lavaur eft une fable abfurde, autant qu'indifférente à la mémoire du frère de mon père, & que, des deux faits contraires, l'un plaidé, l'autre publié par le fieur Tolendal, à l'appui de cette fable, le premier eft controuvé, le deuxiéme impoffible.

En fecond lieu, d'expofer le vrai motif de ma Correfpondance avec M. le Marquis de Montmorency, & d'annoncer hautement que jamais les mânes de mon oncle ne trouveront en lui un Adverfaire, ni ceux du Général Lally un Défenfeur.

Enfin, de ramener la Caufe à fon vrai point, qui confifte à fçavoir *fi la mémoire du Général Lally peut accufer de trahifon envers le Roi, par l'organe de mon Adverfaire, la mémoire du Gouverneur de Pondichéry, fans que la mémoire du Gouverneur puiffe répondre, par moi, fils de fon frère?* D'où réfulte évidemment cette queftion définitive, *qui des deux fût le traître, du Général ou du Gouverneur?* Queftion établie par le Général lui-même, dans fes Mémoires; décidée en 1766, par le cri de l'univers, & l'Arrêt unanime du Parlement; renouvellée douze ans après par un événement fans exemple dans l'Hiftoire de la Monarchie Françoife; & noyée par mon Adverfaire dans un torrent d'injures lancées non - feulement contre moi, mais contre les Parlements de Paris & de Rouen, avec un acharnement qu'on fent bien ne devoir fon impunité qu'à la pitié des Magiftrats.

SECOND MÉMOIRE

De M. d'Éprémesnil, à Dijon;

OU

Réponse définitive aux Observations du Sieur Tolendal, se disant Comte de Lally-Tolendal, sur la Correspondance de ce Magistrat avec le Marquis de Montmorency-Laval.

Is enim debetur præclaris nominibus honos et quasi cultus, ut rixis alienis inprimisque nostris, non sine maxima necessitate, intermisceantur. *Nous devons cet honneur, cette espéce de culte aux grands noms, de ne pas les mêler dans les querelles d'autrui, & sur-tout dans les nôtres, sans une extrême nécessité.*

Pénétré de cette maxime, je m'abstenois de publier ma Correspondance avec le Marquis de Montmorency, étrangère en effet aux débats qui subsistent entre la mémoire du Général Lally & celle du Gouverneur de Pondichery, frère de mon père. Le Défenseur du Général Lally n'a pas les mêmes idées. Il a publié les lettres du Marquis de Montmorency & les miennes, chargées d'observations vénimeufes. J'ai répondu provifoirement & fur le champ par un premier Mémoire. Ma dernière Réponfe fera de préfenter le texte de ma Correfpondance fans interrupion, & d'y joindre quelques raifonnements, immédiatement déduits de ce même texte.

Première Lettre de M. d'Éprémefnil à M. le M¹ˢ de Montmorency.

MONSIEUR LE MARQUIS,

Le fieur Tolendal, Curateur à la mémoire du feu Comte de Lally, a prétendu que Père Lavaur avoit écrit deux Mémoires, l'un pour, & l'autre contre le Général, & que vous les aviez vus tous deux. J'ai répondu que cette affertion étoit une fable, qu'un Montmorency n'affirmeroit jamais ce fait, & que je vous adrefferois mon Plaidoyer; l'article eft à la page 272. Permettez-moi, Monfieur le Marquis, de remplir cet engagement, & de faifir cette occafion pour vous offrir l'hommage du refpect avec lequel je fuis,

MONSIEUR LE MARQUIS,

Votre très-humble & très-obéiffant ferviteur, *Signé*, D'ÉPRÉMESNIL.

Paris, le 29 Mai 1780.

Réponfe de M. le Marquis de Montmorency à M. d'Éprémefnil.

J'ai reçu, Monfieur, la Lettre que vous m'avez fait l'honneur de m'écrire, en m'envoyant votre Plaidoyer: vous défirez fans doute fçavoir ce que j'ai dit touchant le

Journal ou Mémoire du Père Lavaur ; le voici exactement. Lors qu'après la mort de ce Jéfuite l'on me dit qu'on avoit trouvé dans fes papiers un Journal terrible contre M. de Lally, je répondis, cela ne fe peut pas, ce Journal n'eft fûrement pas de lui, ou s'il en eft, il faut donc qu'il en ait écrit deux différents ; car lors que je fuis parti de l'Inde, en me donnant des lettres pour faire remettre en France à différents particuliers, & lui ayant demandé comment il y parloit de nos affaires, je vais vous le faire voir, me dit-il, pour lors il ouvrit fon Journal, le feuilleta avec moi depuis le jour de mon arrivée dans l'Inde jufqu'à celui où j'en partois, & m'y fit voir tous les événements de notre Campagne, très-fagement & très-fidélement racontés, & par-tout les plus grands éloges de M. de Lally. Comme ce fait eft vrai, Monfieur, je l'ai dit, & je puis l'affirmer : j'ai encore ajouté, & je me le rappelle très-bien, je vois tant de méchanceté & de menfonge dans les imputations qu'on fait à M. de Lally fur les faits qui fe font paffés fous mes yeux pendant le peu de temps que j'ai refté dans l'Inde, que je fuis dans le droit de douter bien fort, & même de ne pas croire un mot de ce qu'on lui impute depuis mon départ, jufqu'à ce qu'on me l'ait prouvé clair comme le jour. Voilà, Monfieur, quels ont été, & quels font encore & mes propos & ma façon de penfer. J'ai l'honneur d'être très-parfaitement, Monfieur, votre très-humble & très-obéiffant ferviteur. *Signé*, MARQUIS DE MONTMORENCY-LAVAL.

J'ai l'honneur de vous prévenir, Monfieur, que ne fçachant pas fi ma Lettre peut être de quelqu'utilité dans l'affaire préfente, j'en vais faire paffer la copie à M. de

Tolendal, avec la copie aussi de celle que vous m'avez fait l'honneur de m'écrire.

A Paris, ce 4 Juin 1780.

Seconde Lettre de M. d'Eprémesnil à M. le Marquis de Montmorency.

J'ai reçu, Monsieur, la Lettre que vous m'avez fait l'honneur de m'écrire, le 4 de ce mois, en réponse à la mienne. Je ne puis qu'applaudir à la délicatesse qui vous a fait juger que mon dessein n'étoit pas de rien taire au Défenseur de M. de Lally. Vous m'avez rendu justice ; & c'est, Monsieur, un sentiment digne de vous : je crois y répondre en publiant votre Lettre ; j'ai l'honneur de vous en prévenir. Cette Lettre prouve précisément le contraire du fait allégué par M. de Lally, & plaidé par son Curateur, des deux Journaux du Père Lavaur ; l'un *pour*, que vous avez vu, & l'autre *contre*, que M. le Commissaire du Parlement a choisi de préférence sous les scellés de ce Jésuite. Que le Père Lavaur eût fait deux Journaux, cela m'eût été très-indifférent, à moi, Défenseur de M. de Leyrit ; mais que le Journal favorable à M. de Lally, écrit de la main du Père Lavaur, eût été trouvé sous les scellés de cet ancien Religieux, & qu'il eût été rejetté, supprimé par M. le Commissaire du Parlement, pour faire place uniquement au Journal contraire, devenu, par cette infidélité, le signal de ralliement des ennemis du Général Lally, le guide préféré des plaintes de M. le Procureur-Général, le flambeau des Témoins & des Juges; voilà des faits ou plutôt des fables que le cœur d'un Citoyen & d'un Magistrat ne devoit pas supporter, & qui sont détruites par votre Lettre. Le Père Lavaur vous a montré, Monsieur, en feuilletant son Journal avec vous,

quelques endroits honorables pour M. de Lally, fur l'expédition de Saint-David : vous l'avez dit en France ; delà
l'imagination de M. de Lally, très-féconde en reffources
quand il s'agiffoit de mal faire & de mal dire, a tiré la
fable des deux Journaux, & l'a portée jufqu'à vous atteffer :
fable bien mal-adroite ! atteftation bien indécente ! puifque
vous n'êtes refté dans l'Inde que trois ou quatre mois, &
que le Père Lavaur n'a pu, Monfieur, y feuilleter avec vous
qu'un Journal relatif à cette époque. J'aurois été finguliérement furpris que ces ridicules allégations, contraires à la
vérité, injurieufes au Parlement, euffent trouvé un appui
réel dans le témoignage d'un Montmorency, dont le nom
eft diftingué depuis dix fiécles entre les membres les plus
illuftres de la Cour du Roi, & de la Nobleffe Françoife.

Des éloges que le Père Lavaur vous a fait voir, vous avez
conclu, Monfieur, *qu'on n'avoit pas pu trouver dans fes papiers
un Journal terrible contre M. de Lally, ou qu'il en avoit écrit
deux différens.* Telle eft la conféquence que M. de Lally a
transformée en fait. Mais permettez-moi de vous repréfenter
que cette conféquence n'eft pas exacte : diftinguons les
époques ; le même homme peut, en différens temps & toujours juftement, être loué, méprifé, accufé, puni.

Au refte, permettez-moi, Monfieur, de vous demander
fi vous avez tenu dans vos mains, & lu d'un bout à l'autre
& de vos propres yeux, le Journal du Père Lavaur au moment de votre départ de Pondichéry, ou s'il vous l'a lu ligne
par ligne ? *Secretum meum mihi :* Mon fecret eft à moi. Je
crois bien que le Père Lavaur poffédoit, comme un autre,
cette maxime ; & j'ai d'autant plus de peine à croire qu'il
vous ait lu mot à mot tout fon Journal, que d'après votre
Lettre, il ne paroît l'avoir que feuilleté avec vous.

Vous avez ajouté, Monſieur, à la mort de ce Jéſuite, & c'eſt à moi que vous croyez devoir le dire, *que vous voyiez tant de méchanceté & de menſonge dans les imputations qu'on faiſoit à M. de Lally, ſur les faits qui s'étoient paſſés ſous vos yeux pendant le peu de temps que vous étiez reſté dans l'Inde, que vous étiez en droit de douter bien fort, & même de ne pas croire un mot de ce qu'on lui imputoit depuis ſon départ juſqu'à ce qu'on vous l'eût prouvé clair comme le jour.* Vos doutes ſont, Monſieur, d'un homme d'honneur, qui ne croit pas facilement aux traîtres. Mais daignez lire mon ſecond Plaidoyer, & la Correſpondance de M. de Lally avec mon Oncle ; j'ai l'honneur de vous l'adreſſer : tant que vous n'aurez pas lu ces deux pieces, vous ne ſerez pas, Monſieur, en état de prononcer. Quand vous les aurez lues, vous y verrez, j'eſpère, que l'expédition même du Fort Saint-David prouve, dans M. de Lally, un homme emporté, un Général ſans prévoyance, l'expédition du Tanjaour, au moins une tête égarée par l'avarice ; & qu'à commencer au ſiége de Madras juſqu'à la reddition de Pondichéry incluſivement, ſa conduite eſt d'un traître. J'oſe me flatter auſſi, Monſieur, que ces expreſſions de *méchanceté* & de *menſonge*, rappellées dans votre Lettre, après l'envoi de mon Plaidoyer, ne concernent ni l'Auteur de ce Plaidoyer ni M. de Leyrit. Si vous avez à cet égard quelque notion poſitive ſur mon Oncle ou ſur moi, j'ai l'honneur de vous prier de la rendre publique : un Montmorency ne doit & ne veut certainement rien dire d'équivoque.

J'ai l'honneur d'être très-parfaitement, Monſieur, votre très-humble & très-obéiſſant ſerviteur. *Signé*, D'EPRÉMESNIL.

A Oʒouer-la-Ferrière, ce 10 *Juin* 1780.

Réponſe

Réponse de M. le Marquis de Montmorency.

J'ai reçu, Monfieur, la Lettre que vous m'avez fait l'honneur de m'écrire, en date du 10 Juin 1780. J'ai eu l'honneur de vous mander, par la mienne du 4 de ce mois, & mes propos & ma façon de penfer ; je n'ai rien à y ajouter de plus.

J'ai l'honneur d'être très-parfaitement, Monfieur, votre très-humble & très-obéiffant ferviteur. *Signé*, le Marquis DE MONTMORENCY-LAVAL.

A Aulnay, ce 16 *Juin* 1780.

T ELLE eft ma correfpondance avec le Marquis de Montmorency ; maintenant, je demande au Lecteur équitable un peu d'attention.

Mon Adverfaire a plaidé un fait, il en a publié un autre.

Le fait qu'il a plaidé eft que le Marquis de Montmorency a vu deux Journaux contraires du Père Lavaur.

Le fait qu'il a publié eft que le Marquis de Montmorency a vu un Journal favorable ; ce qui démontreroit l'exiftence de deux Journaux, celle du Journal accufateur étant certaine.

Que mon Adverfaire ait plaidé le premier fait, j'ofe demander au Parlement de Normandie la permiffion de l'en attefter, ainfi que toute la Ville. Mon Adverfaire s'en défend aujourd'hui. Ne va-t-il pas jufqu'à prétendre qu'en cela je le charge d'une allégation fauffe ? mais, pour parler une langue qui me fait honte, quel eût été mon intérêt ? affurément je n'ai pas befoin de fiction pour trouver fes Mémoires en défaut.

* E

Au reste j'aurai mal entendu, si mon Adversaire le veut ainsi : mes amis, le Parlement de Rouen, la Ville entière auront mal entendu. Soit : ceci deviendroit une dispute interminable. Mettons mon Aversaire sur son terrein ; qu'il choisisse & qu'il me dise lequel des deux faits il veut que je combatte.

Je soutiens que le fait plaidé est fabuleux.

Je soutiens que le fait imprimé est impossible.

LE FAIT PLAIDÉ EST FABULEUX. M. DE MONTMORENCY N'A POINT VU DEUX JOURNAUX DU PÈRE LAVAUR. Ma preuve ? elle est fort courte ; la voici : *Pour lors, il* (le Père Lavaur) *ouvrit son Journal, le feuilleta avec moi, depuis le jour de mon arrivée dans l'Inde, jusqu'à celui où j'en partois.* Ainsi m'a répondu M. le Marquis de Montmorency : il n'est question là que d'un Journal ; cela est clair.

LE FAIT IMPRIMÉ EST IMPOSSIBLE. M. DE MONTMORENCY N'A PAS PU VOIR UN JOURNAL FAVORABLE DU PÈRE LAVAUR.

Levons d'abord tout équivoque : car avec mon Adversaire, il faut prévenir les subterfuges.

Qu'a-t-il voulu dire en parlant de deux Journaux ? il a voulu qu'on entendit que le Père Lavaur avoit composé deux écrits, l'un favorable, l'autre contraire, comprenant, chacun, toute l'administration du Général, depuis son débarquement jusqu'à son départ. S'il n'a pas dit cela, il n'a rien dit du tout ; & l'on ne sçauroit plus où tendroit son système des deux Journaux.

Aussi est-ce bien là ce que mon Adversaire a dit ; écoutons-le lui-même dans son Mémoire au Conseil : *J'ai dit enfin que ce Libelle diffamatoire destiné à servir les ennemis de mon Père, s'ils étoient vainqueurs, étoit à côté d'une apo-*

logie destinée à les écraser s'ils avoient le dessous, & que le même Moine avoit forgé cette arme à double tranchant. Qu'on ouvre le Mémoire de mon Père, pag. 267 *du second volume, & on y vera qu'on a indiqué des témoins, notamment le Marquis de Montmorency en état d'articuler, l'existence de ce second écrit & les éloges qu'il renfermoit......* Voilà donc le Marquis de Montmorency annoncé bien clairement, comme témoin de l'existence du Journal favorable, de ce second écrit, de cette *apologie destinée à écraser les ennemis du Général, s'ils avoient le dessous,* & reposant à côté du Libelle diffamatoire: en un mot, le Marquis de Montmorency, *est en état d'articuler l'existence de ce second écrit.* Tels sont bien les propres termes de mon Adversaire.

Cela posé, prenons la lettre du Marquis de Montmorency...... *Lorsqu'après la mort de ce Jésuite l'on me dit qu'on avoit trouvé dans ses papiers un Journal terrible contre M. de Lally, je répondis, cela ne se peut pas, ce Journal n'est sûrement pas de lui, ou s'il en est, il faut donc qu'il en ait écrit deux différens ; car lorsque je suis parti de l'Inde, en me donnant des lettres pour faire remettre en France à différents particuliers, & lui ayant demandé comment il y parloit de nos affaires, je vais vous le faire voir, me dit-il : pour lors il ouvrit son Journal, le feuilleta avec moi, depuis le jour de mon arrivée dans l'Inde, jusqu'à celui où j'en partois, & m'y fit voir tous les évenemens de notre Campagne, très-sagement & très-fidelement racontés, & par-tout les plus grands éloges de M. de Lally. Comme ce fait est vrai, Monsieur, je l'ai dit, & je puis l'affirmer.*

Lecteur, daignez faire attention. M. de Montmorency voit dans un Journal du Père Lavaur des éloges du Général Lally. Où ? à Pondichéry. A qu'elle époque ? après la prise du Fort Saint-David. Ce Journal pouvóit-il comprendre alors les temps & les horreurs qui devoient fuivre? le Tanjaour, Madras, l'ufure à trente pour cent, les billets de caiffe, les fermes, les vexations intérieures, la révolte de l'armée, l'abandon volontaire de tous nos poftes, le blocus, la diffipation des vivres, l'envoi des malles, la tradition de Pondichéry? le Père Lavaur a-t-il pu parler de ces crimes par prefcience? M. de Montmorency a-t-il pu en rien voir, en rien entendre? on croit rêver en propofant ces queftions; & c'eft à quoi l'on me réduit. Donc, il faut, ou divifer la déclaration de M. de Montmorency, en adopter une partie, en changer l'autre, ou le prier d'en donner une nouvelle; ou convenir qu'à l'époque affignée par lui-même, M. de Montmorency n'a pas pu voir un Journal complet du Père Lavaur, ce Journal n'exiftant pas alors. Donc il n'a pas pu voir à cette époque un Journal favorable fur l'adminiftration entière du Général.

M. de Montmorency l'a-t-il vu depuis? ce n'a pas été dans l'Inde. Il en eft parti en Août ou Septembre 1758: pour n'y plus retourner: ce n'a pas été ailleurs, M. de Montmorency ne l'a jamais dit, ne me l'a point répondu, & fa Lettre, fixant l'époque précife de la confidence du Père Lavaur, exclut toute autre époque. Donc M. de Montmorency qui n'a pas pu voir dans l'Inde un Journal favorable, n'en a pas vu depuis.

Donc, en me réfumant, le fait des deux Journaux vus par M. de Montmorency, eft fabuleux.

Le fait du Journal favorable vu dans l'Inde par M. de Montmorency, eft impoffible.

Et le fait d'un Journal favorable vu ailleurs par M. de Montmorency, feroit une autre fable. Pour celle-ci, mon Adverſaire ne l'a jamais , ni plaidée , ni publiée.

Je demande grâce au Lecteur, ſi je le conduis à la vérité par des routes auſſi triſtes. J'aime aſſez dans l'occaſion les phraſes nombreuſes; mais avec mon Adverſaire il faut des raiſonnemens ſecs & rigoureux.

Une queſtion ſe préſente naturellement à l'eſprit. Qu'a donc vu M. de Montmorency ? quel eſt le fondement réel ou ſuppoſé de la fable des deux Journaux ? ce qu'a vu M. de Montmorency ? il nous l'apprend lui - même. Le commencement du Journal du Père Lavaur ; le récit d'une expédition de quelques ſemaines, & d'une adminiſtration de quelques mois : l'Auteur le feuillete avec lui : Lecteur, prenez garde, le Père Lavaur ne laiſſe pas ſon Journal au Marquis de Montmorency , il le feuillete avec lui ; le Marquis de Montmorency y voit des expreſſions honorables pour le Général Lally , & , ſi l'on veut que j'employe ſes propres termes quoiqu'exagérés , *par - tout les plus grands éloges :* delà il conclut , en apprenant l'exiſtence d'un Journal terrible de l'adminiſtration entière du Général , *que le Père Lavaur avoit donc compoſé deux Journaux* , ſur quoi mon Adverſaire , allant plus loin , conclut que *le Père Lavaur a réellement compoſé deux Journaux* , l'aſſure, & met en avant *le témoignage oculaire de M. de Montmorency* qui n'avoit donné *qu'un témoignage conjectural, qu'un ſimple raiſonnement.*

Or j'en demande pardon à M. le Marquis de Montmorency, & puiſqu'il a permis que ſon nom fût mis en ligne avec celui de Lally contre moi, j'en demande pardon à mon Adverſaire lui-même, ce raiſonnement ne vaut rien du tout.

Je le répéte ; diſtinguons les époques , & tout ſe concilie.

Le Général Lally réuſſit au Fort Saint-David : le Père

Lavaur peut en dire quelque bien, foit qu'il le penfe, ou foit qu'il le répéte. Depuis lors, le même Général, non-feulement ne réuffit en rien, mais ne veut pas réuffir, & fait tout pour tout perdre, il y parvient. Que dira le Père Lavaur ? la vérité ; c'eft-à-dire le mal. Y a-t-il en cela de la contradiction ? & faut-il deux Journaux pour l'expliquer ? le même homme ne fe reffemble pas dans toute fa conduite ; le même Journal fur le même homme ne fe reffemble pas dans toutes fes parties ; rien n'eft plus fimple. De cette différence, M. de Montmorency infere, par conjecture, l'exiftence de deux Journaux : & de cette *conjecture*, traveftie en *témoignage oculaire*, M. de Tolendal paffe à *l'affirmation*. Je demande fi c'eft là raifonner conféquemment.

Il feroit à defirer que les principes de la Logique fuffent plus connus : je trouve que cette fcience ne dépareroit point les plus brillantes autorités.

Et maintenant que nous fommes aux pieds de la Juftice, mon adverfaire & moi, avec la Lettre du Marquis de Montmorency, ne m'eft-il pas permis de noter plus fortement les fingularités de cette Lettre ? Le Père Lavaur feuillete fon Journal avec M. de Montmorency ; & dans ce Journal ainfi feuilleté, M. de Montmorency voit *tous les événemens de notre campagne, très-fagement & très-fidelement racontés, & par-tout les plus grands éloges de M. de Lally.*

Je demande premiérement, s'il n'y a pas de l'exagération, & s'il eft facile de voir dans un Journal feulement feuilleté par fon Auteur, la defcription des événemens d'une campagne ? Secondement, fi l'on peut être fûr d'avoir faifi l'efprit d'un Journal qui n'a pas été lu, mais feuilleté ? Troifiémement enfin, de quelle *campagne* il eft queftion ici ? Cette expreffion concerne-t-elle le Fort Saint-David ? Le fiége de ce Fort ouvrit, mais ne tint pas toute la *campagne* de 1758. M. de Montmorency connoit mieux que moi la valeur des termes de la guerre. Concerne-t-elle le Tanjaour & Saint-David enfemble : elle feroit exacte. Mais en vérité, il eft impoffible de fuppofer que le Père Lavaur, à moins qu'il n'eût perdu le fens, parlât avec éloge de cette expédition du Tanjaour fi follement, pour ne pas dire fi perfidement, conduite, de l'aveu de tout le monde. D'ailleurs M. de Montmorency n'a pas été au Tanjaour ; je crois même qu'il eft parti de l'Inde avant cette ridicule fuite, que M. de Lally compara depuis à la Retraite des dix mille ; glorieufe retraite, pendant laquelle, devant quelques milliers de *Calers* ou Brigands du Pays, gens indifciplinés, il arrachoit fa Plaque, & boutonnoit fon habit pour cacher fon Cordon - Rouge, en fuyant à-travers - champs, & criant aux Soldats, qui demandoient à charger ces miférables, *de le ferrer*. Tout cela, je l'avoue, forme dans ma tête un cahos que mon adverfaire n'aura fûrement point de peine à débrouiller. Mais foit que l'époque entendue par M. de Montmorency finiffe précifément à l'expédition du Fort Saint-David, foit qu'elle atteigne, ou même qu'elle embraffe l'expédition du Tanjaour qui ferma la *campagne*, toujours eft-il certain que l'échafaudage des deux Journaux fe réduit à ceci : M. le Marquis de Montmorency a vu à Pondicéhry, au moment de fon départ pour France, le commencement du Journal du Père Lavaur : il en a conclu depuis par conjecture l'exiftence de deux Journaux contraires ; & ce raifonnement qui n'eft pas jufte, le Général Lally, & depuis fon Défenfeur, l'ont transformé en un témoignage oculaire, fur lequel ce dernier a fondé fa double fable, tantôt de deux Journaux contraires, vus par M. de Montmorency, comme à Rouen, en pleine audience : tantôt d'un Journal *pour*, fans diftinction d'époques, comme dans fon

Plaidoyer imprimé , & dans fon Mémoire au Confeil.

A la vérité, mon adverfaire, preffé par l'évidence du fait, l'a reconnue enfin , cette diftinction d'époques , dans fes obfervations; mais il n'en avoit parlé ni au Confeil ni au Parlement de Rouen. Que dis-je? il y citoit le Marquis de Montmorency, comme témoin de l'exiftence du Journal favorable, d'une apologie entière du Général. C'eft une contradiction à joindre dans fa Défenfe à beaucoup d'autres : je ne me fuis jamais chargé de le mettre d'accord avec lui-même.

Après avoir cédé à la diftinction d'époques pour le Journal feuilleté par le Père Lavaur avec M. de Montmorency, mon adverfaire prétend prouver qu'après le départ de cet Officier Général, le Père Lavaur *a pouffé de front deux Journaux contraires jufqu'à la fin**. Et comment le prouve-t-il? par le témoignage de la Comteffe de la Guiche. Mais Madame de la Guiche eft morte.... Oh oui ! mais *le Père Caftelo , Religieux Auguftin, & le Chevalier de Macrégor lui ont entendu dire* que le Père Lavaur *lui avoit dit qu'il avoit dreffé un Journal, dans lequel la juftification de M. de Lally étoit portée au dernier degré d'évidence , & que le Général étoit auffi innocent que l'enfant qui venoit de naître.* *Ainfi Madame de la Guiche a dit au Père Caftelo & au Chevalier de Macrégor, que le P. Lavaur s'étoit pieufement accufé à elle d'avoir écrit une apologie du Général Lally contre l'évidence des faits , le témoignage de toute une Colonie, & le fien propre configné de fa main dans un autre Journal; & c'eft fur cette preuve qu'on veut nous faire croire aux deux Journaux! & celui qui nous la donne aujourd'hui, cette preuve bizarre, plaidoit, il y a deux ans *, *que le Père Lavaur avoit fini par jetter tout - à - fait le mafque ; qu'il en étoit venu au point de fe ranger ouvertement du côté des calomniateurs. Qu'il étoit logé à la Compagnie : que les Bureaux lui étoient ouverts : qu'il confacroit fes jours &*

fes

* Obfervations, pag. 31.

* Obfervations, pag. 31 & fuiv.

* Plaidoyer du Sieur Tolendal , pag. 67.

ses veilles à revoir, *à corriger*, *à enfanter les Écrits destinés à soulever le public;* & tout cela, après sa confidence à Madame de la Guiche , *qui est morte :* assurement, ce Jésuite là étoit bien mal-adroit.

Le Général Lally *aussi innocent que l'enfant qui vient de naître!* l'expression est remarquable. Elle est dans la bouche de tous ceux que le triste devoir de notre état , nous oblige, nous Magistrats , de condamner. Les malheureux écrasés de preuves se disent encore *innocents comme l'enfant qui vient de naître.* Je n'ai jamais entendu cette phrase dans la bouche d'un innocent véritable. Il se trouve que Madame de la Guiche défendoit le Général Lally comme les coupables se défendent eux - mêmes. *Innocent comme l'enfant qui vient de naître!* Quelle innocence ! Et quel enfant ! ruines de Pondichery, je vous en atteste ! Et vous, victimes par milliers , de ses déprédations , de ses fureurs & de ses perfidies, s'il se trouve un seul François ou un seul Asiatique , prêt à déposer en sa faveur, devant ce Dieu de vérité qui livre les coupables & les parjures à la Justice , j'abandonne aussi-tôt votre Cause & la mienne; oui, j'abandonne la Cause de l'humanité , de la nature , de la Patrie, pour admettre dans ce barbare les droits de l'innocence, & dans ce traître, la simplicité de l'enfance même.

Il est temps que je convienne d'un tort bien grave. Dans ma réponse au Marquis de Montmorency je me suis exprimé ainsi ...... *Cette lettre prouve précisément le contraire du fait allégué par M. de Lally , & plaidé par son Curateur, des deux Journaux du Père Lavaur, l'un* pour *que vous aviez vu, & l'autre* contre ..... Ici je n'ai point répété *que vous aviez vu également* ..... Mon Adversaire m'en fait un vif reproche. Eh bien ! corrigeons-nous , ajoutons ces quatre mots.

Ils font dans ma première Lettre à M. de Montmorency. Et tout ce qui précède, dans la feconde, cette omiſſion, la reparoit d'avance.

Le Lecteur impartial verra même fur le champ pourquoi ces quatre mots me font échappés. C'eſt qu'une idée plus grande, j'ofe le dire, plus digne d'un Citoyen, entraînoit mon efprit & ma plume : & cette idée, je l'exprime auſſitôt, *l'un* pour, *que vous aviez vu*, *l'autre* contre, QUE M. LE COMMISSAIRE DU PARLEMENT A CHOISI DE PRÉFÉRENCE SOUS LES SCELLÉS DE CE JÉSUITE.......Oh! voilà le vrai motif de ma Correfpondance avec M. de Montmorency. J'ai voulu faire tomber fon témoignage, ou plutôt c'eſt dans fon témoignage même que j'ai cherché la vérité, parce qu'on abufoit de ce témoignage horriblement défiguré, pour reprocher au miniſtère public, ainfi qu'aux Juges du Général Lally, d'avoir préféré, l'un dans fes plaintes, les autres dans l'inſtruction, le Journal *contre*, au Journal *pour*.

Il n'importeroit nullement à ma Caufe que le Père Lavaur eût compofé deux Journaux contraires : & nullement encore, puifqu'il faut enfin trancher le mot, & choifir entre un grand nom & la vérité, que M. de Montmorency l'eût penfé & l'eût dit.

Mais il importe à la tranquillité de toutes les familles, qu'un Commiſſaire du Parlement, placé en préfence du miniſtère public, entre deux Écrits du même Auteur, dont l'un inculpoit, & l'autre juſtifioit un vieux Général des Troupes du Roi fur les mêmes faits, ne foit pas foupçonné d'avoir voulu & pu commettre, de concert avec le fubſtitut de M. le Procureur-Général, le crime horrible d'inventorier par préférence l'Écrit accufateur, en écartant, **en** fupprimant l'Écrit favorable.

Il importe à la tranquillité de toutes les familles, qu'on ne foupçonne pas M. le Procureur-Général d'avoir fciemment & par préférence copié fes plaintes, ni le Parlement d'avoir fciemment & par préférence dirigé fon inftruction, fur l'Écrit accufateur.

Voilà, voilà, je le répete, le vrai motif de ma Correfpondance avec M. de Montmorency. Mon Adverfaire veut qu'on les croye, ces faits épouvantables. Je pouvois m'en tenir à lui répondre, *prouvez. Quand même il féroit vrai que le Père Lavaur eût compofé deux Journaux, & que M. de Montmorency les eût vus, s'enfuivroit-il que ces deux Journaux fe fuffent trouvés fous les fcellés de leur Auteur, & que le Commiffaire du Parlement, dans fon Procès - verbal, M. le Procureur - Général, dans fa plainte, le Parlement, dans fon inftruction, euffent préféré le Journal contraire au Journal favorable ?* ..... Je pouvois, dis-je, m'en tenir à cette réponfe; mais j'ai mieux aimé aller droit à la preuve de l'exiftence des deux Journaux, tirée par mon Adverfaire du témoignage oculaire de M. de Montmorency, & la vérité a fait retomber ce témoignage fur mon Adverfaire lui-même.

Il obferve que le Commiffaire du Parlement étoit M. l'Abbé Terray. * Soit. Le Subftitut de M. le Procureur-Général étoit - il auffi M. l'Abbé Terray ? D'ailleurs, quel intérêt avoit M. l'Abbé Terray au crime qu'on lui prête ? Et comment auroit - il pû le commettre n'étant pas feul ? Enfin, la plainte ! enfin, l'inftruction ! que fait ici le nom de M. l'Abbé Terray ?

Je rougis d'avoir à réfuter ces horreurs. En vérité, c'eft trop. Il n'en coûte rien à mon Adverfaire de fuppofer des crimes, pour défendre le Général Lally. Selon lui, l'Inde Françoife étoit peuplée de monftres que le Parlement a tous accueillis, encouragés.

F ij

Dans ſes Obſervations, mon adverſaire ſe défend d'avoir dit, comme je l'ai prétendu dans ma ſeconde Lettre à M. de Montmorency, *que le Journal favorable à M. de Lally avoit eté rejetté, ſupprimé par M. le Commiſſaire du Parlement pour faire place uniquement au Journal contraire, devenu par cette infidélité le ſigne de ralliement des ennemis du Général Lally, le guide préféré des plaintes de* **M.** *le Procureur-Général, le flambeau des témoins & des Juges*...... *Qu'on parcoure mon Plaidoyer d'un bout à l'autre, dit très-adroitement mon Adverſaire, on y verra page 79 ces dix mots: LE PANÉGYRIQUE S'ÉTOIT TROUVÉ PERDU, LE LIBELLE AVOIT ÉTÉ RECUEILLI, & plus une parole après. Ce n'eſt pas tout. Dans mon grand Mémoire au Conſeil, p. 8 de la ſeconde Partie, j'ai préſenté un dilemme ſur cet objet.* J'ai dit, " *OU L'EXISTENCE* » *DU PANÉGYRIQUE A ÉTÉ AVÉRÉE POUR LE PAR-* »*LEMENT AUQUEL MON PERE L'A DÉNONCÉ, OU ELLE NE* » *L'A PAS ÉTÉ, OU LES TÉMOINS CITÉS POUR L'AVOIR* » *VU, ONT ÉTÉ ENTENDUS, OU ILS NE L'ONT PAS ÉTÉ;* » & j'ai tiré les conſéquences de l'une & de l'autre partie » du dilemme dont je ne puis donner ici que l'apperçu. Ainſi » ce raiſonnement exclut juſqu'à la poſſibilité de l'aſſertion » que M. Duval me prête. Ainſi nulle part je n'ai dénoncé » ni le Parlement, ni ſes Commiſſaires comme coupables » de cette *infidélité*, de cette *ſuppreſſion :* par-tout j'ai aban- » donné le ſort du Mémoire *pour*, à l'obſcurité dans laquelle » il s'eſt perdu, il me ſuffiſoit d'en prouver l'exiſtence, & » la dénonciation que mon Père en avoit faite à ſes » Juges »..... Voilà donc ce qui vous a ſuffi? hélas Monſieur ! à quoi me forcez-vous? il faut vous confondre par vos propres paroles. Ecoutez-donc, & niez, ſi vous l'oſez d'avoir écrit les paſſages ſuivans extraits mot pour mot de votre Mémoire au Conſeil, imprimé à Rouen, & diſtribué fourdement à tous vos Juges, avec cette apoftille, *POUR VOUS SEUL, MONSIEUR....«Un Moine, né dans le fond du Périgord, de Miffion en Miffion, d'intrigue en intrigue, s'élance » fur les rives du Gange..... Ce Moine, toujours par une fuite » de ce fyftéme qui fçait faire face aux differentes circonftances, » avoit forgé deux Mémoires, l'un pour, l'autre contre mon Père. » Qui le croiroit? c'eft fur le dernier que le Procureur-Général » rend plainte contre mon Père. C'eft un Libelle qui devient le » figne de ralliement contre cette victime infortunée. C'eft là que » les témoins s'inftruifent, que les Juges s'éclairent; c'eft fur » le Libelle d'un impofteur, démafqué par lui-même, convaincu » de rapines par fes tréfors, convaincu de duplicité par fes » propres écrits, qu'un Lieutenant-Général fe voit accufé, jugé » & condamné.*

C'eft peu : vous développez à l'inftant même toutes ces affertions en autant de paragraphes...... *J'ai dit que le Libelle diffamatoire d'un Moine avoit été la baze du Procès intenté à un Général d'Armée...... J'ai dit que c'étoit dans ce Libelle que les Juges s'étoient éclairés .... J'ai dit que c'étoit dans ce Libelle que les Témoins s'étoient inftruits...... J'ai dit enfin que ce Libelle diffamatoire deftiné à fervir les ennemis de mon Père, s'ils étoient vainqueurs, étoit à côté d'une apologie deftinée à les écrafer, s'ils avoient le deffous, & que le même Moine avoit forgé cette arme à double tranchant ......* Niez-vous tout cela? Or c'eft ici, & non plus-tôt, qu'après avoir cité le Marquis de Montmorency comme *témoin de l'exiftence de cette apologie* qu'il n'a jamais ni vue, ni pu voir, ni déclaré avoir vue; c'eft ici, dis-je & non plus-tôt, que vous propofez, en termes auffi contraires à l'Ordonnance qu'infultants pour la Grand-Chambre du Parlement de Paris, votre dilemme, qui, je l'avoue, auroit *exclu l'affertion* que je vous ai reprochée, s'il vous eût plû de raifonner conféquemment, ou de prévoir des contradictions; mais qui sous votre plume, hardie dans les ténébres, tranche à côté de l'assertion même, & n'étoit qu'un prétexte que votre sincérité se menageoit d'avance pour la nier.

Enfin vous dites au même endroit, que « *ce Libelle étoit* » *destiné à subjuguer l'opinion, & à régler le Jugement de la* » *premiere Cour du Royaume.* Et sur cette dénonciation » muette d'un homme mort & indigne de foi, ajoutez- » vous, sans aucun corps de délit positif, le Procureur- » Général requiert, le Parlement ordonne, le Châtelet » commence une information......

Eh bien Lecteur! Lecteur ami des Magistrats & de la vérité, êtes-vous convaincu, & croyez-vous qu'il soit possible de nier plus hardiment, ou du moins de déguiser plus artificieusement un fait plus avéré ? vous le voyez. *Le Moine a forgé deux Mémoires, l'un pour, l'autre contre le Général Lally. QUI LE CROIROIT? c'est sur le dernier que le Procureur-Général rend plainte contre lui :* & mon Adversaire n'a point dit que le Journal contraire avoit été le guide préféré des plaintes de M. le Procureur-Général...... *C'est un Libelle qui devient le signe de ralliement contre cette victime infortunée.....* & mon Adversaire n'a point dit que le Journal contraire étoit devenu le signe de ralliement des ennemis du Général Lally...... *C'est-là* (dans ce Libelle) *que les témoins s'instruisent.....* & mon Adversaire n'a point dit que ce Libelle avoit été le flambeau des témoins...... *C'est-là que les Juges s'éclairent......* & mon Adversaire n'a point dit que ce Libelle avoit été le flambeau des Juges!,.... Providence Divine! appui de l'innocence! ce sont-là de tes coups! oh que l'aveuglement où tu plonges les ennemis de la vérité, est déplorable autant que juste! tes moyens ne changent pas, & leur effet est toujours sûr. *Exceca cor eorum.*

Mon adverfaire a fubi cette éternelle & rigoureufe loi : on vient d'en voir la preuve dans les paffages précédents de fon Mémoire au Confeil. Il me refte à l'appuyer, cette preuve, fur un paffage de fes Obfervations même : *Voilà l'homme*, dit-il, en parlant du Père Lavaur, *qui a été le garant, le guide, & des délateurs dans leurs dénonciations, & du Miniftère public dans fes plaintes, & des témoins dans leurs dépofitions, & des Commiffaires dans leurs interrogatoires & leur rapport, & des Juges dans leur Arrêt....* Ainfi, Juges, Témoins, Miniftère public confondus avec des délateurs, tous n'ont eu d'autre garant qu'un calomniateur, ni d'autre guide qu'un libelle : & ces Juges, c'étoit la Grand-Chambre d'un Parlement unanime dans fon Arrêt ; ces Témoins, c'etoit toute la Colonie Françoife, le Confeil, les Officiers, les Employés, les Habitans ; ce Miniftère public, c'étoit M. le Procureur-Général : voilà quels ont été les copiftes ferviles, les inftrumens aveugles du Père Lavaur.

J'avoue que mon adverfaire n'a pas dit en toutes lettres, *que le Commiffaire du Parlement avoit rejetté, fupprimé le Journal favorable...* ; mais je demande ce que fignifie cette phrafe du Mémoire au Confeil.... *Ce Moine avoit forgé deux Mémoires, l'un pour, l'autre contre mon père ; qui le croiroit ! c'eft fur le dernier que le Procureur-Général rend plainte contre mon père...* QUI LE CROIROIT! Si le fait de la plainte fur le Journal accufateur eft fi terrible à croire, on avoit donc le choix des Journaux? Or, laiffez-là vos exclamations, & répondez cathégoriquement : Qui eft-ce qui l'a eu ce choix, ou de M. le Procureur-Général, ou du Commiffaire du Parlement? S'ils ne l'ont eu ni l'un ni l'autre ; s'ils n'ont eu fous leurs yeux que le Journal accufateur, le feul en effet qui jamais ait exifté, dites nous ce qu'il y a d'incroyable dans une plainte rendue à la vue d'un récit aussi-bien circonstancié des crimes du Général Lally ?

Je demande encore ce que signifie cette autre phrase du même Ecrit, du Mémoire au Conseil, dans le même passage.... *C'est sur le Libelle d'un imposteur démasqué par lui-même, convaincu de rapines par ses propres trésors, convaincu de duplicité par ses propres écrits, qu'un Lieutenant-Général se voit accusé, jugé, condamné.... LE LIBELLE D'UN IMPOSTEUR DÉMASQUÉ PAR LUI-MÊME....* Aux yeux de qui ? du Parlement, du Ministère public, du Commissaire ? Si cela est, vos plaintes sont raisonnables : si cela n'est pas, d'où naît votre surprise, ou plutôt votre fureur ? Encore une fois, répondez clairement, je vous supplie.... *Le Libelle d'un imposteur convaincu de rapines par ses propres trésors....* Oh ! pour ce dernier fait, mon adversaire, qui l'a soutenu au Conseil & plaidé à Rouen, n'ose plus le reproduire dans ses Observations : j'en suis surpris ; car après tout, comment ai-je prouvé que ces prétendus trésors n'étoient que des dépôts confiés au Père Lavaur ? Par de simples Arrêts du Parlement de Paris, en vertu desquels ces dépôts ont été rendus aux propriétaires. Et mon adversaire se tait devant cette preuve ! Je le répète, cela m'étonne. Il n'est pas inutile de rappeller au Lecteur à combien se montoit la masse de ces trésors confiés au Père Lavaur : à la somme *d'un million vingt-quatre mille sept-cent-quatre-vingt-dix livres.* Voilà qui me paroît fort singulier. Ce Jésuite n'étoit qu'un mal-honnête homme ! & la plupart des François de l'Inde lui confient leur fortune. Ce Jésuite n'étoit qu'un imposteur ! & tous les François de l'Inde, ici je dis tous, tous sans exception, confirment, & souvent même aggravent, les faits consignés dans son Journal.... Revenons au passage du Mémoire au Conseil : *le Libelle d'un*

imposteur

impofteur convaincu de duplicité par fes propres écrits .... Convaincu? devant qui, & comment? S'il ne l'a pas été devant le Miniftère public ou les Juges, le Miniftère public & les Juges n'ont pas eu tort, & vos cris font toujours dé-placés. S'il l'a été devant les Juges ou le Miniftère public, comme vous le dites ici très-clairement, puifque vous affurez que la plainte, le jugement, la condamnation ont eu lieu au mépris de *la conviction de duplicité;* il s'enfuit évidemment & immédiatement, que le Miniftère public & les Juges ont connu, ou par eux-mêmes ou par la voie des dépofitions, le double Journal. Ils ne l'ont pas connu par la voie des dépofitions, cela eft établi au Procès; je vous défie d'en citer une feule : donc, fuivant vous, ils l'ont connu par eux-mêmes. Cette conféquence eft encore immédiate : cependant ce double Journal n'exifte pas : donc, fuivant vous, on l'a fupprimé. Or maintenant, nommez la main. Je n'en difois pas affez : il faut, dans votre fyftême, que cette horrible fuppreffion foit l'ouvrage, ou du Commiffaire du Parlement aux fcellés du Père Lavaur, ou de M. le Procureur-Général, ou du Rapporteur, ou de quelqu'un des Juges, ou de la Grand-Chambre toute entière. Voilà pourtant ce que vous dites, quand vous parlez du Père Lavaur, *comme d'un im-pofteur démafqué par lui-méme, convaincu de duplicité par fes propres écrits, & devenu néanmoins le garant, le guide du Mi-niftère public, des Témoins, des Juges, par un Libelle fur la foi duquel, au mépris de cette conviction de duplicité, le Général Lally s'eft vu accufé, jugé, condamné.* Que penfer d'une caufe réduite à de pareils moyens !

Ici commenceroient les perfonnalités, fi je voulois imiter mon adverfaire, & je m'arrête; il m'a forcé de le remettre à la place qui lui eft affignée par les loix & les mœurs du

Royaume: je dois moins que jamais fortir de la ....

A l'égard des formules que j'ai d .... ma feconde Lettre avec le ... qu .... y, je ne dirai qu'un mot: de quel droit, à quel .... adverfaire m'en parle-t-il? M. le Marquis de Montmorency l'a-t-il chargé de me les reprocher? il n'a pas été chargé du moins de fupprimer c .... es dont M. de Montmorency a cru pouvoir ufer à mon égard après les miennes? Que cette infidélité de mon adverfaire eft petite & mal-adroite! Au refte, puifqu'il eft convenu dans toute l'Europe d'attacher de l'importance à ces minuties, je fais profeffion de penfer qu'un homme fage & libre n'a, fur cette matière, que des maximes défenfives; & fans vouloir ici fixer les bornes des égards mutuels que fe doivent la haute naiffauce & la première Magiftrature, je crois que la bienféance, l'utilité publique, la raifon en un mot, m'autorife à maintenir que le Roi n'a pas un fujet, ni la Patrie un citoyen, qui ne puiffe, fans s'oublier, répondre à nos refpects perfonnels par des honnêtetés fupportables; & c'eft de quoi mon adverfaire ne peut pas trouver mauvais qu'on ne le prenne point pour juge.

On pourroit croire également, au ton de fes *Obfervations*, que la mémoire du Général Lally trouve un protecteur dans la perfonne du Marquis de Montmorency: je fuis donc obligé de propofer une dernière queftion. M. le Marquis de Montmorency me feroit-il l'honneur de juftifier cette mémoire, & d'attaquer celle de mon Oncle? Je ne demande pas mieux que d'avoir des adverfaires qui foient faits pour difcuter fans équivoques & fans injures.

Un adverfaire aux mânes de mon Oncle dans un Montmorency! dans un de ces magnanimes François du premier âge, dont le nom feul annonce la .... té! cela ne fera jamais. Citoyens , Magiſtrats , j'oſe vous en répondre : & vous répondre encore que le Marquis de Montmorency ne ſignera jamais qu'il tient le Général Lally pour honnête homme.

Il eſt temps de finir. J'aurois pû mépriſer des obſervations injurieuſes, étrangeres à la cauſe. Mais pour cette fois-ci , mon Adverſaire s'eſt mis à l'abri d'un ſi beau nom, que j'ai cru lui devoir une réponſe. Déſormais , tout ce qui s'écartera de la queſtion, Journaux, Formules, Opinions particulières, je déclare que je ne m'en occuperai plus. *La mémoire du Gouverneur de Pondichéry , frère de mon Père , comparée avec celle du Général Lally ,* voilà notre Cauſe. Il s'agit de ſçavoir ſi *la mémoire du Général peut accuſer de trahiſon envers le Roi, par l'organe de mon Adverſaire, la mémoire du Gouverneur, ſans que la mémoire du Gouverneur puiſſe répondre, par moi, fils de ſon Frère :* d'où réſulte évidemment cette queſtion définitive, *qui des deux fut le traitre, du Général ou du Gouverneur ?* Mon Adverſaire n'oſera donc jamais aborder ces queſtions ? ah ! je le crois. Je me préſente pourtant d'aſſez bonne grâce. Je ſoutiens nettement, & je prétends avoir prouvé que le Général fut un traître envers l'Etat : je ſoutiens nettement & je prétends avoir prouvé que le Général fut un calomniateur envers mon Oncle : enfin , je ſoutiens nettement que mon Adverſaire, qui renouvelle ces calomnies atroces , agit ſans droit & ſans prudence. A cet égard le fait parle de lui-même. Que devient donc le défi de mon Adverſaire ? *Enfin , à la face de l'univers , je porte à tous les ennemis de mon père & de ſa mémoire, quels qu'ils ayent été , quels qu'ils ſoient, quels qu'ils puiſſent être , paſſés , préſents ou à venir, le défi de produire la preuve d'un ſeul crime , l'ombre d'une ſeule preuve , contre cette mal-*

heureuse & innocente victime. . . . . . Ainsi s'est-il exprimé dans son imprudente Lettre, inférée au quatorziéme numéro du quatriéme Volume du *Courier de l'Europe;* & quand je parois pour accepter ce défi, pour lui porter les miens, il me demande avec une bonne foi risible si je crois qu'il a porté le sien pour qu'il fût accepté par-tout le monde? Il élude les miens, & prétend se tirer d'affaire par des subtilités, des équivoques, des plaisanteries & des injures. Des Plaisanteries! bon Dieu! je n'ose pas en faire, moi, *qui ne suis pas couvert du sang.* . . . . . Je frémis, je m'arrête, je n'ai pas le courage d'opposer à mon Adversaire ses propres expressions. Mais qu'il raisonne, & qu'il cesse de plaisanter, d'injurier, de fuir. Je le défie toujours de dire franchement, *oui, mon père eut raison de rejetter les crimes dont il étoit chargé, sur le frère du vôtre, & je le prouve : mon père ne fût ni traître envers l'Etat, ni calomniateur envers votre Oncle, & je le prouve.* J'attends qu'il tienne ce langage, & qu'il donne ces preuves : les miennes sont assez connues, & je m'y tiens. Pour lui, qu'il trouve bon qu'on dedaigne ses injures, qu'on ne réponde point à ses plaisanteries, & qu'on l'avertisse, que, cette manière de procéder dans une Cause telle que la nôtre, finit par indisposer les honnêtes-gens dont la voix avec le temps est la dernière.

Du Val d'Éprémesnil.

Monsieur DE TORCY, *Rapporteur.*

LAGOUTTE, Procureur.

De l'Imprimerie de LOTTIN l'aîné, Imprimeur-Libraire du Roi & Ordinaire de la VILLE, rue S. Jacques, au Cop; *Novembre* 1782.